AF341046

EDICT DV ROY

CONTENANT LE RESTA

bliſſement des Bureaux des Finances en chacune generalité
de ce Royaume.

A PARIS,

Chez Iean le Begue, tenant ſa boutique ſur
le Pont au change à l'anſeigne
du Paradis.

1609.

(16)

EDICT DV ROY CONTE-
nant le restablissement des Bureaux des
finances en chacune generalité de ce
Royaume.

E N R Y par la gtace de Dieu
Roy de France & de Nauarre,
à tous presēts & aduenir salut:
Le plus grand desir que nous
ayons eu depuis que sa diuine
bonté nous a appellez à ceste couronne a-
pres son honneur & gloire, à esté le soulage-
ment de nos subiects & pouruoir à l'establis-
semēt d'vn bon ordre & reglement, non seulement à ce qui est de la iustice&police,mais
aussi pour le maniemēt & administration de
nos finances: & pour y paruenir, nous aurions dés l'annee mil cinq cens quatre vingtz
seize, fait assembler & conuoquer en nostre
ville de Roüen vn bon nombre de grands &
notables personnages des Prouinces de ce
Royaume, & des trois ordres d'iceluy , par
l'aduis desquels&pour plusieurs considerati-
ons, aurions entre autres choses esteinct &
supprimé les Bureaux de toutes les tresore-
ries generalles de France, & par nostre Edict
du Mois de Decembre mille cinq cens qua-

A ij

tre vingtz dixhuict, Ordonné qu'a l'aduenir
ils exerceroient leurs charges & offices en
chacune generalité alternatiuement auec
suppreſſion & retranchemēt de leurs droictz
mais depuis ayant tecognëu que noſdits treſoriers generaux qui doiuent auoir continu-
ellement l'œil & tenir la main à la conſerua-
tiõ de nos droits, Domaine, & finances, ſe
voyans fruſtréz de leurs droicts, reglez, & re-
duicts au ſeruice alternatif de leurs charges,
les negligent, & n'en ſont ſuffiſamment in-
ſtruicts pour nous en rendre raiſon en noſtre Conſeil lors qu'ils ſe trouuent à noſtre
ſuitte prenant excuſe qu'ils ne ſont ou qu'ilz
n'eſtoient en exercice vne telle annee. En
quoy nous trouuons beaucoup de retarde-
ment en nos affaires & ſeruice, meſmes des
contrarietez és expeditions de noſdits treſoriers generaux, pour ne ſçauoir par ceux qui
entrent en charge ce qu'ont faict ceux qui
en ſortent. Qui a dõné ſubiect à nos Officiers
comptables & aux partyes pourſuiuantes
d'vſer de ruſes & ſubtilitéz, d'où ſont pro-
uenus pluſieurs diuertiſſemēs de deniers re-
marquez auoir eſté faicts au preiudice de nos
eſtats à eux enuoiez au commencement de
chacune annee, deſquels par   eſt de noſtre Conſeil du trezieſme Septembre mil

ſix cens ſept, auroit eſté ordonné qu'ils en demeuroient reſponſables: à quoy deſirans pouruoir & que telles choſes n'aduiennent plus à noſtre preiudice. Et afin que chacun de noſdicts Treſoriers Generaux puiſſe auoir entiere cognoiſſance de ſa charge & de ce qui ſe paſſe durãt le cours de l'annee, & nous y rendre tout deuoir requis, De l'aduis de noſtre Conſeil auquel eſtoient les principaux Officiers de noſtre Couronne où l'affaire à eſté mis en deliberation: Auons de noſtre plaine puiſſance & auctorité Royal par Edict perpetuel & irreuocable dict & ordonné diſons & ordonnons, Que d'oreſnauant noſdicts Treſoriers Generaux exerceront conioinctement tous enſemblement en corps de Bureau leurs charges & offices, leſquels Bureaux nous auons remis & reſtablys, remettons & reſtablyſſons, cnſemble les Huiſſiers, reuoquant à ceſte fin noſtre ſuſdict Edict dudit mois de Decembre mil cinq cens quatre vingt dixhuict, pour exercer par noſdits Treſoriers Generaux leurſditz offices & en iouir auec to⁹ & chacuns les droits dont ils iouiſſoient auparauant le ſuſdit Edit & en la meſme forme & maniere, excepté ſeulement les droits de preſence, Dont ils iouiront d'oreſnauant de moitié en toutes

A iij

les generalitez de ce Royaume , Et à l'aduenir fonds en sera laissé pour ladite moitié
en nos Estats pour leur estre payé selon &
ainsi qu'ils auoient accoustumé auant ledit
retranchemët : iouirõt en outre tous nosdits
Tresoriers Generaux de toutes les generalitez de nostredit Royaume des priuileges,
pouuoirs, authoritez, preeminãces, exempti-
ons , frãchises, libertéz & tous autres droicts
à eux attribués tant par les Edits de leur creation que autres : notamment par nos Edits
des mois de Ianuier mil cinq cēs quatre vingt
vn & quatre ving six, verifiez en nos Cours
de Parlement , Chambre des Comptes &
Cour des Aydes à Paris, declarations & arrests de nostre Conseil depuis ensuiuis. Vallidant & auctorisant toutes & chacunes les
parties employées és estats qui auront desia
esté verifiés par lesdits Tresoriers de France
iusques au dernier Decembre mil six cens
sept. Mesmes les parties par eux receues, or-
donnees, employees & passees aux comptes
rendus en nos Chambres, des comptes encores qu'elles ne fussent comprinses en nos e-
stats, fors & reseruÿ le remboursement de
leur prest de l'an mil cinq cēs quatre vingts
dixsept, sans qu'eux ny les parties prenantes
en puissent estre inquietés, poursuiuis ny

moleſtés cy apres , en payant par chacun de
noſdits Treſoriers Generaux en nos parties
caſuelles les ſommes à quoy ils ſeront taxés
ſuiuant le roolle & departement qui en ſe.
ra faict & conformement à l'Arreſt de no-
ſtredict Conſeil du treziefme Septembre
dernier, leſquelles leur tiendront lieu de finance pour eſtre ioincte & incorporée auec
la finance par eux ou leurs predeceſſeurs payée pour la compoſition de leurs offices, non-
obſtãt tous Arreſts, Edicts, declaratiõs & lettres à cecõtraires, auſquelles no⁹ auons deſrogé & deſrogeons ſans qu'ils ſoient abſtraints
d'obtenir autres lettres de Chartre que le
preſent Edit. Et à la charge auſſi que leſdits
Treſoriers ne ſouffriront plus que dans les
Eſtats des receptes generales & particulieres
il ſoit employé par les comptables aucu-
nes partyes qui ne ſoient és Eſtats par no⁹en-
uoyés à peine de les payer en leur propre &
priué nom & y eſtre contrainctz cõme pour
nos propres deniers & affaires. Si donnons
en mandement à nos Amés & Feaux Conſeillers les gens tenãs nos Cours de parlemẽt
Chambres des Comptes & Cour des Aydes
à Paris, que ceſtuy noſtre Edit ils facen t lire
publier & enregiſtrer, entretenir, & obſeruer,
& du contenu en icelluy iouyr & vſer leſdits

Treforiers Generaux de France plainement
& paifiblement fans fouffrir qu'il leur foit
faict ou donné aucun trouble ou empefche-
ment au contraire, car tel eft noftre plaifir, &
afin que ce foit chofe ferme & ftable à touf-
iours nous auons faict mettre noftre Scel à
cefdites prefentes. Donné à Paris au mois
de Nouembre l'an de grace mil fix cés huict,
& de noftre regne le vingtiefme.

Signé. HENRY.

Et fur le reply par le Roy Brulart & a cofte
vifa
Et fellees fur lacz de foye en cire verte,
à cofte, eft efcript.
Regiftres ouy le Procureur General du
Roy à Paris en Parlement le douziefme Decembre l'an mil fix cens huict.

Signé DV TILLET.
Et encores, eft efcript
Regiftrees femblablement en la Chambre
des Comptes, ouy le Procureur General du
Roy fans reftabliffement de Bureaux le
quatorziefme iour de Ianuier, l'an mil fix
cens neuf.
Signé, BOVRLON.

EXTRAICT DES REGISTRES
de Parlement.

CE iour apres auoir veu par la Cour les grand Chambre Tournelle & de l'Edit assemblees, les lettres patentes du Roy donnees à Paris au mois de Nouembre dernier signees Hëry, & sur le reply par le Roy Brullart, & scellées de cire vert : par lesquelles pour les causes y contenues ledict Seigneur dict & ordonne que doresnauant les Tresoriers Generaux de France exerceront ensemblement en corps de Bureau leurs charges & offices. Lesquels Bureaux il remet & restablit ensemble les Huissiers : reuocquant à cette fin l'Edit du mois de Decembre mil cinq cens quatre vingtz dix huict pour la suppression & retranchement de leurs droictz & à present iouïront auec tous & chacuns les droicts dont il iouïssoient auparauant le susdit Edict, excepté seulement les droicts de presence dont ils iouïront doresnauant de moitie en toutes les generalitez de ce Royaume, pour leur estre payé selon & ainsi quils auoient accoustumé auant ledit retranchement : iouyront aussi lesdicts Tresoriers des priuileges, pouuoirs auctoritez, exëptions & tous autres doicts a

eux attribuez par les Edicts de leur creation
& autres des mois de Ianuier mil cinq cens
quatre vingts vn & quatre vingt six verifiez en la, Cour chambre des comptes & aydes à Paris, validant & auctorisant ledict seigneur toutes & chacunes les parties em-
ployes és estats qui auront desia esté verifiez par lesdicts Tresoriers de France iuf-
ques au dernier Decembre mil six cens sept:
mesmes les parties par eux receuës ordon-
nees, employees & passees aux comptes ren-
duz en la Chambre des comptes encores
qu'elles ne fussent comprises esdicts estats,
fors & reserué le remboursement de leur
prest de l'an mil cinq cens quatre vingtz
dix sept, sans qu'eux ny les parties prenantes
en puisset estre poursuyuis cy apres, en payāt
par chacun desdits Tresoriers aux parties casuelles les sommes à quoy ils serōt taxez suiuant le Roolle qui en sera faict, comme plus
amplement le contiennent, lesdites lettres, conclusions du Procureur general
du Roy, la matiere mise en liberation, ladicte Cour à arresté & ordonné que lesdictes letres serōt registrees és registres d'i-
celle, ouy le Procureur General du Roy:
faict en Parlement le douziesme Decēbre
mil six cens huict.   signé DV TILLET.

VEV PAR LA CAAMBRE, les lettres
patentes du Roy en forme d'Edict dô-
nees à Paris au mois de Nouembre dernier,
figné Henry fur le reply par le Roy, Brulart & fcellées, par lefquelles & pour les
caufes ycôtenues ledit fieur veult & ordonne que dorefnauãt les Treforiers Generaux
de France exercent enfemblement en corps
de Bureau leurs charges & offices, lefquels
Bureaux il remet & reftablift, enfembles les
Huiffiers, reuocquant à cefte fin l'Edict du
mois de Decẽbre mil fix cens quatre vingtz
dix-huict, pour la fuppreffion & retranchement de leurs droicts, & à prefent iouyront
auec tous & chacuns les droicts dôtil iouyf-
foiẽt auparauãt le fufdit edict, excepté feule-
mẽt leurs droicts de prefẽce, dôt ilz iouyrõt
dorefnauãt de moitié, en toutes les generalitez de ceRoyaume pour leur eftre paié felõ
& ainfi qu'ils auoient accouftumé auant le
retranchement: iouyront auffi lefdits Treforiers des priuileges, pouuoirs, auctoritez,
exemptiõs, & tous autres droicts à eux attribuez par les edicts de leur creation, & autres
des mois de Ianuier, mil cinq cẽs quatre
vingtz vn & quatre vingtz fix, vallidant &
auctorifant ledict feigneur toutes & chacu-
es lespartiees employees éfeftats qui aurõt

ia esté verifiez par lesdicts Tresoriers iuf-
ques au dernier Decembre mil six cens sept.
Mesmes les parties par eux receuës encores
qu'elles ne feussent comprinses esdicts estats
reserué le remboursement de leur prest de
l'an mil cinq cens quatre vintgs dixsept, sans
qu'eux ny les parties prenantes en puissent
estre poursuiuis, en parant par chacun desdits Tresoriers aux parties casuelles les sommes à quoy il seront taxez, suiuant le roolle
qui en sera faict, ainsi que plus au long le
contiennent lesdictes lettres. L'arrest de la
Cour de Parlement surce interuenu le douziesme Decembre dernier, conclusions prises par le Procureur general du Roy, & tout
consideré, la chambre à ordonné & ordône
lesdites lettres, estre registrees és registres
d'icelle, sans restablissement de Bureaux
faict le quatorziesme iour de Ianuier mil six
cens neuf.

*Extraict des Registres de la Chambre des
Comptes.*

Signé BOVRLON.

ENRY PAR LA GRACE DE DIEV
ROY DE FRANCE ET DE NA-
VARRE, à nos Amez & Feaux Cõ-
ſeillers les gens de nos comptes à Paris ſa-
llut: par noſtre edict du mois de Nouembre
dernier, nous urions pour les conſidera-
tions y contenues, entre autres choſes re-
ſtably les Bureaux de nos Amez, & Feaux
Conſeillers, les Treſoriers Generaux de
France, & ordonné qu'a laduenir ils exerceroient conioinctemẽt leurs charges, tout
ainſi qu'ils faiſoient auparauant la ſuppreſ-
ſion par nous faicte deſdits Bureaux au mois
de Decẽbre mil cinq quatrevingts dixhuict.
Lequel Edict du mois de Nouẽbre dernier
ayant eſté veriffié, purement & ſimplement
par noſtre Cour de Parlement, ſur la pre-
ſentation qui vous en auroit eſté faicte vous
lauriez auſſi veriffié, excepté le reſtabliſſe-
ment deſdits Bureaux & d'autant que c'eſt
l'vne des principalles occaſions, qui nous
ont meu à faire ledict Edict pour le bien de
nos affaires, a ces cauſes nous voulons, vous
mandons, & treſexpreſſement enioingnons
par ces prenſentes que ſans vous arreſter a
aucune difficulté, vous ayez à verifier purement & ſimplement, noſtredit Edict, Nõ-
nobſtant voſtredicte reſtrinction, & toutes

B iij

autres chofes à ce contraires, car tel eft noftre plaifir:donné à Paris le dixiefme iour de
Feurier l'an de grace mil fixcens neuf,de noftre regne le vingtiefme.

Signé   HENRY   Et plus
bas,   Par le Roy

. BRVLART.
Et fcellées du grand fel en cire iaune fur
fimple queue.

VEV PAR LA CHAMBRE, les lettres pattentes du Roy en forme d'E-
dict donnees à Paris au mois de Nouembre
dernier signees par le Roy, Brulart : par lesquelles & pour les causes y contenues ledit
sieur a remis & restably les Bureaux des Tresoriers generaux de France pour en iouyr
par eux, & de tous & chacun les droicts
dont ils iouissoient auparauant l'Edit de re-
uocation du mois de Decembre mil cinq
cens quatre vingts dixhuict, ainsi qu'il est
plus au long contenu esdictes lettres. L'arrest de la Cour de Parlement sur ce interuenu le douziesme Decembre, suyuant celuy
de ladite chambre du quatorziesme Ianuier
dernier, par lequel elle auroit ordonné ledit
Edict estre registré, sans restablissement des
Bureaux, autres lettres patentes dudit Sieur
donnees à Paris le dixiesme iour de Feburier
dernier, signées de sa main & plus bas par le
Roy, Brulart, contenant iussion & mandement tres-expres à ladite chambre de verifier purement & simplement ledit Edict,
sans y faire aucune restrinction ny modifica-
tion: les conclusions sur ce prises par le Procureur general du Roy auquel le tout a esté
communiqué, & tout consideré, la Chambre ayant esgard ausdictes lettres de iussion

a leué & oſté la reſtrinction portee par l'A-
reſt d'icelle du quatorzieſme Ianuier dernier paſſé , faict le huictieſme iour de May
mil ſix cens neuf.

*Extraict des Regiſtres de la Chambre des
Comptes.*

ſigné   BOVRLON.

ENRY PAR LA GRACE DE
DIEV ROY DE FRANCE ET
DE NAVARRE, à tous ceux qui
ces presentes lettres verrõt salut,
sçauoir faisons qu'ayant par nostre Edit du
mois de Nouembre mil six cens huict , der-
nierpassé portant restablissement des Bureaux de noz finances en chacune generalité,
entre autres choses validé & auctorisé toutes & chacunes les parties employees és e-
stats cy deuant virifiez par nos Tresoriers
Generaux de France iusques au dernier Decembre mil six cens sept, mesmes celles qui
peuuẽt auoir esté par eux receuës ordõnées
& employées aux comptes rendus en nostre
chambre, encores qu'elles ne fussent comprises en nos estats , fors & reserué le remboursement de leur prest de l'annee mil
cinq cens quatre vingts dixsept, sans qu'eux
ny les parties prenantes en peussent estre in-
quietez, poursuiuis ne molestez. Et par ce
qu'en execution dudit Edit se pourroient
former quelques difficultés en la location
des parties couchees & employées és comptes des anneesprecedẽtes. Et iusques au der-
nierDecembre mil six cens sept:auonspour
leuer toutes lesdictes difficultez, dict, de-
claré & ordõné, & de nostrecertaine sciẽce,

C

plaine puiſſance & authorité Royale, diſons, declarons & ordonnons, voulons & nous plaiſt toutes & chacunes les parties employées eſdits eſtats & comptes pour le temps deſſuſdits. Meſmes celles qui peuuent auoir eſté receuës par noſdits Treſoriers Generaux de Frãce, pour leurs droits de preſence, taxatiõs ordinaires, & gages à raiſõ de la finãce par eux payée pour leur ſuruiuãce, Eſcriptures. voyages & meſſageries faictes & par eux ordonneés pour le bien de noſtre ſeruice & aduancement de nos deniers, eſtre reſtablies, paſſées & allouëes purement & ſimplement, nonobſtant toutes modifications, arreſts, reglements & reſtrinctions appaſées ſur iceux comptes, leſquels de nos meſmes pouuoir, puiſſances, & authorité leuons & oſtons ſans qu'il ſoit beſoing d'obtenir autres lettres particulieres pour ceſt effect, que ces preſentes, Que voulons & entendons ſortir entier effect, & eſtre l'eſclairciſſement ſur ce de nos vouloir & intention aux charges, conditions & reſeruatiõs portées par noſtre Edict. Si donnons en mandemant à noz Amez & Feaux Conſeillers les gens de nos comptes à Paris, ces preſentes faire regiſtrer, garder & obſeruer de point en point ſelon leur forme &

tenur, & du contenu faire iouïr & vſer noſdits Treſoriers Generaux de France en chacune generalité, plainement & paiſible-
ment ceſſant & faiſant ceſſer tous troubles & empeſchements au contraire.
Car tel eſt noſtre plaiſir, Nonobſtant tous
Edicts, ordonnances, mandements, reglemens, deffences & lettres à ce contraire, auſquelles & aux derogatoires des derogatoires de la derogatoire y contenues, nous
auons deſrogé & deſrogeons par ceſdictes
preſentes ſigneés de noſtre main : donné à
Paris le ſeptieſme iour d'Auril l'an de grace
mil ſix cens neuf, & de noſtre regne le ving-
tieſme. Ainſi ſigné Henry, ſur le reply
par le Roy, Brulart, & ſcellées ſur double
queuë du grand ſel en cire Iaune.

VEV PAR LA CHAMBRE, Les lettres
patentes du Roy données à Paris le ſeptieſme Auril dernier paſſé ſignées Henry &
ſur le reply par le Roy, Brulart, & ſcellées ſur
double queüe du grand ſcel, par leſquelles
& pour les cauſes y contenues ſa Maieſté
dict, declare veult & luy plaiſt, Toutes &
chacunes les parties employées és eſtats cy
deuant veriffiez par les Treſories Generaux
de France, iuſques au dernier Decēbre mil

six cens sept, mesmes celles qui peuuent a-
uoir esté receuës par lesdits Tresoriers Generaux, soit pour leurs droicts de presence,
taxasions extraordinaires, & gages à raison
de la finance par eux payée pour leurs sur-
uiuances, escriptures voiages,& messageries
factes & par eux ordonnées pour le bien &
seruice de sa Maiesté & aduancement de ses
deniers, estre restablies, passeés & allouées
purement & simplement, nonobstant toutes modifications, arrests, reglemens, & re-
strinctions apposées aux comptes rendus en
la Chambre, lesquels ledict sieur a leuez &
ostéz, sans qu'il soit besoing obtenir autres
lettres particulieres pour cest effect que
lesdites lettres, qu'il veult & entend sortir
son effect, & estre l'esclaircissement sur ce
de ses vouloir & intention, aux charges,
conditions, & reseruations portées par ledict Edict du mois de Nouembre dernier
passé, portant retablissement des Bureaux
des finances en chacune generalité, Man-
dant à ladicte chābre faire iouir lesdits Tresoriers Generaux de France en chacune de
leur generalité du contenu esdictes lettres,
plainement & paisiblement, cessant & fai-
sant cesser tous troubles & empeschemens
au contraire, ainsi qu'il est plus au long mē-

tionné en icelles la requeste presentée à
ladicte chãbre par lesdicts Tresoriers Generaux tendãt à fin de verification desdites lettres. Conclusions sur ce prises par le Procureur general du Roy, auquel le tout a esté
communiqué & tout conserué. La chambre
a ordonné & ordonne acte estre deliuré aus-
dits Tresoriers Generaux de Frãce de la pre-
sentation desdictes lettres, pour au iuge-
ment des parties rayees dont ils demande-
ront le restablissement, & de celles qui serõt
emploiees és comptes a clorre y auoir tel
esgard que de raison Faict ce huictiesme de
May milsix cens neuf. Extraict des regiftres
de la chambre des Comptes.

      Signé,   BOVRLON.

Collationnees aux originaux par moy Cõ-
seiller Notaire & Secretaire du Roy.

C iij

9 782329 344423